JN106551

きっと、うまくいくよ

自分の価値に気がつく30のレッスン

伊藤守

フジモトマサル・絵

Discover

はじめに

あるとき、山形のゴルフ場でフェアウエーを悠々と横切る一頭のカモシカと遭遇したことがあります。一緒のグループの一人が、「ああ、カモシカだ！」と言ったきり、みんなゴルフのことなど忘れてしまい、カモシカに見入ってしまいました。そのカモシカは、くっきりはっきりそこに生きていて、誰もそのことに口をはさむ余地はなく、悠然とコースを横切る姿を、口を半開きにしながら、「カモシカだ」。誰に言うでもなく、「カモシカだ」。

家の中で家人が大騒ぎをしながら、殺虫スプレーと、新聞紙を丸めて手にもって、ゴキブリと格闘をしているのを見るのはすごく面白いです。家具の隙間を逃げ回る黒々としたゴキブリは、妙な存在感を放ちながら、鮮明に目に飛び込んできます。やっぱりゴキブリは生きている、それを追い回す家人も確かに生きているという実感があります。

当たり前の話ですが、人は生き物なのです。しかし、自分は確かに生きているという実感をもっていたり、それを感じさせる人は案外少ないものです。生き物であることを忘れて、この社会に順応することに四苦八苦しているように私には思えます。社会という自分の外側の基準を基に、自分の立ち居振る舞いを絶えず、監視し評価しているわけですから、気の休まる暇がありません。あまりにも社会の基準にあわせすぎていると、自分の内側の基準を見失ってしまいます。例えば、「何でも思い通りにやっていいんだよ」「自分で決めればいい」というと、困惑してしまいます。あんなに欲しがっていた自由を与えられても自由が使えないのが現実です。誰かの指示を待つ体勢ができあがってしまったのでしょうか？

毎朝、子供と家人は決まって言い争いをしています。

「早くご飯を食べなさい」

「僕は、今日はパンがいい」

「あなたご飯がいいって言ったじゃない」

「パンがいいー」

「どうして？」

「ぎゃー、ぎゃー」

「わかったわよ、まったく！」


「早く着替えなさい！」

「今テレビみてるの、わからないの？」

「また、先生に怒られるじゃないの！」

「大丈夫、僕、平気だから」

「あなたは、平気だけど、私は平気じゃないのよ」

「ぎゃーぎゃーぎゃー」
「後五分だけよ」

朝の勝負は、子供に軍配が上がるときが多いようです。子供の内側の基準はとてもシンプルです。「なんでも自由にしていいんだよ」なんて言ったらホントになんでもやりだします。やがて、外側の基準にもあわせていかなければならないときが来るのでしょうが、彼がいつでも内側の基準を忘れないでいられるように、見守りたいと思います。

目次

第1章 こころをラクにする方法

第2章 ✳ 気持ちをわかりあう方法

第3章 ✴ ありのままの自分と出会う方法

第4章 人生を楽しむ方法

第1章

こころをラクにする方法

何もしないでいると
いうことの大切さ

私たちの体の中には、まだ知られていない無数の営みがあります。私たちは自分たちの体の中の営みから学べることが沢山あります。例えば、T細胞と呼ばれているリンパ球は、悪さをするウイルスや癌などの細胞を攻撃する役割を持っています。

T細胞は、胸腺で生み出されて、何と誕生してから九〇日以上も活動しません。その九〇日の間、自己と自己でないものとの区別を学習しています。もし、その間の学習が足りないと、T細胞は、自己と外敵を見分けることができなくなって、自分の体を外敵と間違えて攻撃してしまうのだそうです。自分の体の中で作られている細胞が最初から自分を認識している訳ではないんですね。

子供は時々ボーっとしていることがあります。そんなときは、親は声をかけてはいけないんです。子供は何もしていないように見えても、内側では自分が誰であったかを思い出していたり、これまでに経験してきたことを整理したりしています。

何もしていないと、非生産的に見えます。何もしていない、何も創り出していないと、存在価値が無いように思われがちですが、そんなことはありません。何もしないでいる能力を奪われてしまうと、あるとき、自分を見失ってしまったり、自分で考える能力を失うことになります。

少しの混乱、葛藤は必要な過程です。そして、一番いい解決方法はそれに対して、特に何もしないことです。何もしないでいられるのは、私たちの大切な能力なんです。

ただ浮かんでるって
わけじゃないんだよ

どうせ私なんかと
言ってしまう前に

親や先生や周りの人達は、本当に好意から、たぶん本当にあなたのことを思って、受けとめきれないほどの戒律を与えてくれました。「頼もしく」「快活に」「感情的にならずに」「人に好かれるように」「有能であれ」「希望をもて」「簡単に満足するな」「前向きに」「間違いを犯すな」「間違ったら心から謝りなさい」「嘘だけはいけない」「完全を身につけなさい」「根気よく」「努力しなさい」「迷わず」「思いやりをもって」「負けちゃいけない」「速く」etc. etc.……。

おおむね私たちへの条件付けとは、「急げ」「強くなれ」「完璧であれ」「人に好感を与えろ」「一生懸命やれ、努力しろ」に集約されます。きっと何千年も口づたえにいわれてきたのでしょう。ついぞ、これを完全に達成してる人は見たことがありませんが、私は誰かに助言するときはこの中から選びます。聞き慣れないことを聞くよりは、聞き慣れた言葉を聞く方が安心するみたいです。「がんばれ」とか「前向きに考えるんだよ」なんてね。たぶんあまり役にたたないと思うんだけど、どうもその言葉を聞きたがる。

「どうせわたしなんか」
「そうだね、君なんか大したもんじゃないよねー」

「どうせわたしなんか」
「僕もそう思う」

これだと、相手は怒っちゃいますから。

どうせ私なんか、なんていじける前に、自分がどんな条件付けをされているのか？　そしてその全てを満たすことが可能なのか？　条件を満たしたら本当に幸せなのか？　自分がどんな「あり方」をしようとしているのかに目を向けてみるのが先です。それがハッキリすると、未来に透明感がでてきます。

頭の良さって人を
孤独にするよね

近頃つくづく
そう思うよ

問題は、自分が本当に
何を思っているのかに
気がついていないこと

一〇〇年も経ってしまえば、たいていのことは笑い話になります。それなら、今一〇〇年ぐらい経ったところに移動してしまえばいいんです。苦手な人とどうしても面と向かって話さなければならないときは、バックグラウンドミュージックを頭の中でかけるんです。選曲さえまちがえなければ、相手に影響されることはありません。誰かがあなたの悪口を言っているなら、

「ああ、自分に関心があるんだ」と思うことができます。

「そんなの、能天気な人にしかできない」

「それなら、自分は能天気だと思えばいい」

「そんなに簡単に思っていることを変えられない」

「簡単に変えられないと思いこんでいる、そのことが、君を変えない原因なんだ」


より頻繁に、強く、そして、無意識に思っていることが実現しています。人

間はそのようなシステムで行動しています。いいことは長く続かないと思っている人は、いいことが続いた後に自分から失敗するようなことをしでかします。どんなに能力のある人でも、「お前はたいしたもんじゃない」と無意識にプリントされていると、自分から制御してしまいます。もちろん、その逆もあります。

思うことには力があります。それが、正しい、間違っているにかかわらず、あなたが自分に対して思うこと、世界に対して思うことが実現しています。だからこそ、自分が何を本当に思っているのか、その声を聞く責任があります。たとえ何を思っていたとしても、それを評価せずに、自分の思っていることを最初から終わりまで聞く責任があります。それを続けているうちに、自分の思っていることと距離が持てるようになります。思っていること即行動ではなく、そこに間がもてるようになると、思っていることがコントロールできるようになると思います。

僕が何を考えているか知りたい？

教えてあげてもいいけど・・・きっとわかんないだろうなあ

失敗や間違いが自分を知るきっかけになる

ブレークダウン
breakdown＝故障、破損、挫折、神経衰弱

車を運転はするけれど、故障したらお手上げです。テレビも毎日見ているけど、映らなくなったら、せいぜいテレビを「どんどん」たたくぐらいしか能がありません。毎日使っている家電や道具が、どういう構造で、どうやって動いているかなんて、ほとんど興味がありません。車は動けばいいし、テレビは映ればいい。でも、一度故障すると、車のボンネットを開けてのぞいてみたりするわけです。

一度、金槌の柄がおれたことがあるんですが、ガムテープで巻いたぐらいでは、とても釘は打ち込めないんですね。あんな簡単な道具でも「てこ」が応用されているんだなーなんて、感心してしまいました。

毎日使っている道具や家電が故障したり、使えなくなった状態を「ブレークダウン」と言います。私たちはそのとき初めて、その道具そのものに目を向けます。普段は、その道具によってもたらされる結果にしか目がいっていないものです。

人は時々失敗したり、間違いを犯します。それをブレークダウンと言います。日頃は自分が何を考えたり、思ったりしているかには注意が向かないものです。道具や家電と同じです。でも、失敗したり、間違っていることに気がつくと、ブレークダウンが起こって、自分に目が向くようになります。

そうしてみると、失恋したり、風邪をひいたり、仕事で失敗したり、失言があったり、それらがブレークダウンだとすれば、無駄なことはないものだと思います。もしブレークダウンがなかったら、自分に注意を向けることもきっとないのだと思います。

郵便ですよ！
えっ僕に？

誰からだろう…
あのう、受け取りのサインを下さい

自分の感情と
お友達になる

思いがけない出来事に遭遇すると、人はうろたえたり、ゆれるものです。どんなときにも平静を保っているように見える人もいますが、ただ感受性がにぶくなっているだけです。人はうろたえたり、ゆれるんです。競争に負けることが問題なのではありません。競争に負けてうろたえてしまう自分を押さえつけることが問題なのです。悲しいことがあっても泣けなかったり、嬉しいことがあったり、楽しいことがあったときに笑えないことが問題なんです。頭の中で想い描いている「沈着冷静」なんて、感情を押し殺すのがうまくなっただけのモンスターにすぎません。自分をコントロールできるようになるということと、感情を押し殺すこととを同一のものと誤解しているだけです。

だからといって、自分の感情をどこでも表現するのがいいと言っているわけではありません。自分の感情や衝動はもちろんコントロールされるべきです。そのためにも、まずは自分が感じていることを感じることから始める必要があります。たとえ、それが認めがたい感情であっても、それを感じきってしまうのが先です。少しの忍耐が必要ですが、やがて自分の感情とお友達になれるでしょう。

ともすると、私たちは、自分の浮き沈みする感情の犠牲になりがちです。感情は理性よりもずっと力強いものだからです。だからこそ、感情を否定したり、分析するのではなく、それを味わいきってみることです。悲しみ、苛立ち、嫉妬。自分の体がそのときどんなふうに変化するのか？　息はどうか？　体の重心は？　感情は長い時間持続しません。怒りで約二〇分と言われています。少しの時間、忍耐をもって、お友達になるんです。やがて自分の感情に脅えなくてよくなります。それと同時に、誰かの感情的な態度にも脅えなくてよくなるでしょう。

「ひとりぼっちのあなたに とっておきのお知らせ」
「パーティーに参加して お友だちを作りませんか」
何だ これは!
まったく人を バカに してるわね!

比較ではとらえられない体験……

人と比較しながら、今の自分の位置を確かめるのは、私たちに備わったシステムです。自分たちをとりまく環境や状況の変化に、他の人達がどのように対応するかを観察し、学習しながら、自分の行動を選んでいくわけです。また、物事を認識するためにも比較が必要です。より大きい、小さい、重い、軽い、熱い、冷たい。比較することで、それをそれとして認識します。そこに、それが「ある」ことを知るためには比較対照することが必要です。

でも、比較していたのではとらえられないものもあります。喜び、楽しさ、愛や感動、これらの体験はあなた固有の体験です。過去の喜びと今の喜びを比較するのは意味がありません。それは、まったく新しい最初の体験だからです。当然、他の誰かの体験と比較することにも意味がありません。過去の体験と今の体験を比較したり、誰かの体験と自分の体験を比較すると、その瞬間に自分の体験が消滅してしまうのを経験したことがあると思います。

「みんな」から浮いてしまわないように、「みんな」と自分を比較しながら、行動を選択します。しかし、あなたの体験は「みんな」とは違います。正しい嬉しさや哀しみ、これが愛だと決めてしまえるようなものは存在しません。あなたの体験することは、あなたの必然性において生じるのです。世界中で、今あなたが体験していることは、まさにあなただけの体験に他なりません。あなたの内側にはまだ名前のついていない体験が無数にあります。あなたには、それを体験する権利があります。

のぞくだけ
のぞいてみよう

何事も経験が
大切だよね

見て、聞いて、触れて、
微細な変化を
感じとる

名前、職業、性格、特技、生育史、あらゆる属性、それが言えたからといって、自分が誰なのかを知っているわけではありません。物心ついて、世の中の物事や、人情について理解できるようになっても、自分が誰で、何処から来て、何処へ行こうとしているのかを知っているわけではないのです。ソクラテスやカントを論じて、論じている自分は誰かを知ったでしょうか？

自分は誰なのか？　方程式の答えを見るように、自分というものをハッキリとつかみたいものです。見て、聞いて、触れたいのです。同じように愛というものが本当はどんなものなのか、見て、聞いて、触れてみたいと思います。思いこみではなく、どこかの誰かの解釈を苦労して理解するのでもなく、見て、聞いて、触れたい。

私たちが陥る簡単な罠は、体験する前にすでに答えを出してしまうことにあります。自分が未来にする体験すらも予定しているんです。泣く用意や笑う用意をしているんです。だから、見る前、聞く前、触れる前に答えを出してしまわず、見て、聞いて、触れて、内側の微細な変化を感じとる。

私とは、それに気づいていることに気づいている主体なのです。見て、聞いて、触れて、微細な変化を感じとることを通して、私たちは、「私」に気がつくことができます。

あれだ
うわっ
ずいぶん大勢
集まってるなあ

あなたの感じて
いることは
大切にして
いいんです

人は本来、倫理的です。何が良くて何が悪いかは、ほとんど生まれてくる前から知っています。

「何が良いことで、悪いことかは、子供の頃に親にしつけられて知るんじゃないですか？」

「そういう考え方もある」

「人間の脳の発達を考えれば、判断力は後天的なものだと思いますが」

「そういう考え方もある」

「他にどういう考え方があるんですか？」

「知らない」

「それじゃ、あなたの言っていることには、根拠がないじゃないですか」

「教わったこともたくさんあるのは本当だ、でも、教わったことが自分にとって役にたつ考え方か、それとも役にたたないのか？　それは自分の感性で判断するんです。教わったことが今のこの状況に使えるかどうか？　自分の内側に聞いてみて、判断することができる。それは、私たちの中にもともとあったものだから」

自分の感じることに信頼をおくんです。たとえ、他の人とは違う感じ方をしたとしてもいいんです。演歌に感じるものがあれば、それはあなたの感じているることで大切にしていいんです。ゴッホをみても何も感じなければそれでいいんです。あなたは、あなたの感じていることに信頼をおくんです。少しの勇気をもって、あなたが、美味しいと思ったものは、美味しいんです。誰にも説明する必要はないし、誰の承認もいりません。

あの人たち みんな
「ひとりぼっちのあなた」
なのかなあ…
…それにしては
みんな親しそうだぞ
ああ、手なんかつないでる

第2章

気持ちをわかりあう方法

あなたは、
たった一人で
生きているわけでは
ありません

風邪をひけば、色々な症状があらわれます。咳、発熱、喉の痛み、これらは風邪の症状であり、原因ではありません。風邪の原因はウイルスと免疫力の低下にあります。症状だけを消してしまうことはできません。免疫力を高め、ウイルスをたたくことで初めて、症状をなくすことができます。一時的に症状だけを軽減する対処法はありますが、風邪の原因が改善されないかぎり、症状はぶりかえすでしょう。

私たちの活力が低下したり、不安が増したりする原因は、孤立にあります。具体的に仲間外れになったり、別離を経験したときだけでなく、人とうまく関わることができなかったり、自分の思っていることや、感じていることを相手に伝えることができない、また、相手の気持ちを受け取ることができないと、心が孤立していきます。たとえ言葉が交わされていたとしても、つながっているという実感が薄くなれば、心の孤立は起こります。

たった一つの細胞を培養しようとして、環境を整え、栄養を与えても、細胞は死んでしまいます。たった一つの細胞では生きることができないんです。だから、細胞を培養するときには、必ず複数の細胞を同時に培養します。細胞は、お互いにコミュニケーションを交わし、お互いを励まし合っているのかもしれません。

あなたが、今日こうして生きているということは、あなたがたった一人で生きているということではありません。あなたは気がついていないかもしれないけど、関わりの中であなたは生きているんです。それは思い通りのものではないかもしれませんが、もしあなたが、視点を変えてみれば、そこに関わりを見ることができると思います。

もりあがってるパーティーに
うまくとけこむ方法は？

「やあ、みんな！楽しんでる？」
なんてね、フフフッ

じゃあ、
どうすれば
いいの？

「じゃあどうすればいいの？」なんて、人の話を聞く用意のない人の決まり文句です。人に何かを尋ねるときの基本的な姿勢とは、「知らない」ということに真摯であることです。「知らない」ことを恥じることもなく、馬鹿にすることもない。そういう人の前では、自分も「知らない」と正直でいられます。一緒に知らないところから始められるのはとても嬉しい。

私たちの体の中の細胞はお互いにコミュニケーションを交わしていることが、わかってきました。細胞の一つ一つには「レセプター」という受容器があって、他の細胞からの情報を受け取ります。でも、レセプターの無い細胞は、どんなに大事な情報を送っても、決してその情報を受け取ることがありません。

自分に「レセプター」が無いということを知っている人は、きっと近い将来自分のレセプターを持つことができるでしょう。しかし、自分にレセプターが無いことを知らない、または隠している人は、レセプターを持つ機会を失います。私たちにとってのレセプターとは、感受性に他なりません。感受性とは感じとる能力であり、理解し、受け入れる能力を意味します。心を開いている状態とは、相手の言葉じりにとらわれず、相手の全体から発せられている訴えを受けとめているときなのです。感受性を開くためには、自分に対する自信が必要です。自分に対する自信とは、どれだけ自分が正直であるかによってもたらされます。正直とは、単に嘘をつかないという意味ではありません。正直とは、「あるがまま」でいるということです。「知らない」ということを、「知らない」と言えること。教えて欲しいことを、「教えて下さい」と言えること。「ふり」から自分を解放することができること。

ようこそ！
さあ、あちらへ
えっ？
いえ…ただ通りがかっただけですから
遠慮なくどうぞ！
ふぅーっ
どうして人は皆群れたがるんだろうね！まったく

とにかく
聞いてあげる

私の父は七四歳で、同じ話をよくします。向島の小学校に通っていた頃の話。軍隊生活、私の子供の頃の話。何度も、何度も聞いた話を繰り返します。


「また、同じ話だよ」

「うん？」

「前にも聞いたよ、何度も」

「そうか？」

「一〇〇回以上聞いた」

「そうか、そうか……」

「うん」

「それなら、もう一度聞け」

「ええ！」


同じ話を新鮮な気持ちで聞けるときと、聞けないときがあります。自分の気持ちがすさんでいると、同じ話に苛立ちます。でも、心が透明なときは、同じ話でも新鮮に聞くことができます。まるで初めて聞く話のように。心の中に父の話が映像になって広がり、そこに自分がいるかのような臨場感さえあります。

コミュニケーションの課題とは、相手を話す気にさせ、聞く気にさせることです。そのためには、たとえ同じ話、面白くない話であっても、聞く用意があることを相手に知らせることです。同じ話に苛立ったり、退屈してしまうのは、相手の問題ではなく、大抵の原因は自分にあるものです。どこかゆとりと透明感を失っていると、相手も自分も不安にしていきます。

できれば、毎回新鮮な気持ちで、父の同じ話を聞いていたい。

やっぱり僕は

人づきあいには
向いてないよ

話すことで
癒される

コミュニケーションにはレベルがあります。

テープレコーダーでも可能な、挨拶や社交辞令。今や「いらっしゃいませ」は、自動ドアと連動したＩＣが言います。

情報交換？　必要な情報は、コンピューターやコンピューターネットワークを使った方がずっと便利です。では、私たちは人と向き合って、何を話すんでしょう？

たぶん、話す内容ではないのでしょう。私たちが欲しているのは、確かに人間と話している、確かに生き物と話しているという実感です。この地球上に生きているのは自分だけではなく、自分以外の生き物、人もいるんだという実感です。確かに毎日、人と話しているのですが、気がつくとコンピューターとあまり変わらない、どこか生き物としての温度が感じられない人達とコミュニケーションを交わす過程で、少しずつ、孤立感を深めてきたのでしょう。確かに言葉は交わされているけど、気持ちは置き去りにされているような。

生きていたら、理不尽なことをいっぱい経験します。ショックも受けます。日常的にストレスを経験しています。それらは未完了な体験として心と体に蓄積されていきます。未完了な体験を解消する方法を私たちはあまり良く知りません。せいぜいタバコを吸ったり、酒を飲んだり、甘い物を食べたり、唄ったり、旅行をする。しかし、最終的には、自分の内側に蓄積された未完了な体験は、他の生命の生体を通過して初めて解消されるものです。つまり、誰かに話を聞いてもらう。人が難しいなら、犬や猫でもいいんです。聞いてもらう、それ以上に癒されることはありません。私たちは不完全でもいい、生きている人と話したい。そして自分を分かち合いたいと思っています。

だいたい 僕と
趣味のあう人
なんて簡単には
見つからないよな

映画と文学とカプチーノを
こよなく愛する詩人なんて
---ふふっ

たったひとつの
「そうなんだよね」で
わかりあえること

最初に私たちが言葉を覚えたのは、例えば、母親に抱っこされて目の前を車が通ると、「ぶーぶ」と母親が言って、「ぶーぶ」とそれを真似ていくことからでした。

同じ物を見て、聞いて、触れる。そこには「リアリティー」があります。それは、一次言語といわれ、そこには共感があります。やがて、小学校に入り、次第に目に見えない、触れることのできないものを言葉で説明したり、言葉からイメージを創らなければならなくなります。それだけではなく、想い描くイメージや、理解が正しいか間違っているかの評価を受けるようになります。言葉を覚えるだけでも大変なのに、その言葉を使って、世界を理解したり、説明しなければならないのは、ストレスです。また、自分が正しい理解やイメージを持っているかどうかを考えるだけで不安です。

大人になればなるほど、言葉の使い方、その解釈には神経を遣います。間違った言葉づかい、解釈や理解はアイデンティティーに関わるからです。だから私たちは、自分が感じていることや思っていることを表現するのをためらうようになります。主観を表現し、痛い目を見るよりは、できるだけ客観的なことを言う習慣を身につけます。でも、どこかで、自分の感じていることや本当に思っていることを誰かに伝えてみたいと思います。たとえ、それが場違いであったとしても。


嬉しいとか、寂しいとか、悲しいとか、つらいとか、
もし、それを言ったときに、

「そう思っているんだ」

「そうなんだ」

「うれしいんだね」

肯定も否定もなく、ただ、自分がそう思っているということを受け取ってもらうだけで、私たちは母親に抱かれながら、「ぶーぶ」と言った体験を、再体験します。それは、深い安心感をもたらすでしょう。

一人が一番

安心感は
人との関わりから
生まれてくる

安心感の大きさと、行動力は比例します。安心感は大きなクッションのようなものですから、失敗してもショックを和らげてくれるでしょうし、心を癒しますから、すぐまた、別の行動が起こせます。不安でいたら、ほとんど何もできません。

不安なときに、不安を取り除く方法について、一人で考え込んだり、自己分析をするのは、最悪の選択です。不安は孤立感から導かれる感情です。孤立するということは、仲間からはぐれた渡り鳥のように、生存の危機を意味します。自分が誰とも関わりが持てていない、または近い将来、誰とも関わりが持てなくなるのではないか？　その危機感が不安をあおります。細胞はたった一つでは生存できないのと同じです。

「自分と他人」「どちらが優れている／劣っている」「どちらが正しい／間違っている」「上／下」「勝ち／負け」「幸運／不運」しょっちゅう頭の中でこれを

繰り返していると、必然的に人との間に溝ができてしまいます。ひいては、誰ともつながりがないという意識が形成されてしまうのです。自分に対しても、「良い／悪い」「できる／できない」「ある／ない」という自己評価を繰り返していると、自分という統一性がなくなり、分離、分断され、自分がバラバラになります。

少しの時間、一切の評価や判断は止めて、目の前の人と利害を超えて、関わってみるんです。綺麗だとか、美しい、といった形容詞をはずして、街を眺めるんです。自分の中にほっとする感じが戻ってくるのを待つんです。

自分を敵に回さない

子供の頃にしつけられたことは、大人になっても身についています。親は子供にとって一番いいと思うことを教えているつもりなのです。「お行儀良く」「勉強しなさい」「おとなしくしていなさい」「言うことを聞きなさい」「正直に」「嘘はいけない」「我慢しなさい」……親はもちろん正しいのです。しかし、それを子供がどう受け取るかまでは考えが回らないようです。

「嘘をつくな」＝お前は嘘をつく子だ
「大人の話に口を出すな」＝お前はまだ半端なんだ
「お姉さんでしょ」＝いつまでたっても役にたたないね。私の期待に応えられないね

親が意図することと、子供がどう受け取るかはまた別の問題です。子供は、言葉を記憶すると同時に、無意識にはそのときの解釈がプリントされていきます。そして、私たちは無意識の影響を受けることになるわけです。「お前は不

完全」「お前は役にたたない」「お前は好かれない」、これらは、ミスプリントに他なりません。自分に対するミスプリントを自分だと思ってしまえば、決して自分を好きになることはないでしょうし、自分を敵にしてしまうことにすらなります。ミスプリントを修正する方法は、

誰かが無償の愛をもって、
「君はすばらしい」
「生まれてきてくれて、本当にうれしい」
「この世界の奇跡は君が存在していることだ」

説明や理由を越えて、誰かがあなたに言うべきです。もし、近くにそういう人がいないのであれば、自分に言うんです。理由も説明もいりません。証明する必要なんか全然ありません。自分を愛するということはそういうことなんです。

…………
映画や文学はお好きですか？
…………
僕たちって何だか……
とっても気があうみたいね

愛は動詞

「最近、冷めてしまったんです」

「それで？」

「別れた方がいいかなって思っています」

「相手は？」

「同じだと思いますよ」

「そう、それなら、もう一度愛すればいい」

「ええ？　もう愛を感じないんですよ、そう言ったでしょ」

「だから、愛すればいい」

「わからない人だな、感じられないんです！」

「わからないのは君の方だ。君は愛はボウフラのように湧いてくる物だと思っているらしい。思い出してみろ、愛しているときに、相手に自分が何をしたか？」

「…………」

「相手の身になって考えたり、相手の話を最後まで聞いたり、仕事を手伝ったり、贈り物をしたり、いろんなことをしただろう？」

「ええ、確かに、でもあれは、愛があったから」

「いや、そうやって自分の内側で愛を育てたんだ」

「育てた？」

「そう。楽しさ、うれしさ、幸福感。欲しいと思っている体験は、それに至る行為によってもたらされるものなんだよ。愛は名詞じゃなくて、動詞なんだ」

「動詞？」

「君は愛が冷めたと嘆くけど、それだけじゃなくて、不快感も避けられないものだと諦めている、君は気分の犠牲になってしまっている」

「そう、どうにもならないと思っている」

「LOVEが一番最初に日本語になったときは、『愛』ではなく、『大切にする』と訳されたんだ」

「大切にするね……」

第3章

ありのままの自分と出会う方法

いい人である
必要なんか
ありません

この社会、家族、会社、学校、サークル、友達との関係を維持するために、私たちが教えられてきたことは、「我慢」すること。自分の感情や欲求を抑えること。思っていることをすぐに口にしない。行動は慎重。もし、抑制が足りないと、「わがまま」「利己的」などのレッテルを貼られてしまいます。そのレッテルを貼られるということは、仲間として認めない。または、仲間外れにされても仕方がないという意味に他なりません。私たちは、我慢することを条件づけられただけではなく、我慢が足りないと仲間外れにするぞ、という見えない脅かしに日々あっているとも言えます。だから、ひたすら自分を抑え、我慢します。

そして、あるとき思います。

「我慢しているわりに報われないな?」

我慢していれば、他人からの受けは良くなるでしょう。しかし、言いたいことも言えず、笑いたいときに笑えず、泣きたいときに泣けない。確かにいい人ではいられるけど、自分は見失われてしまいます。

周りの人を安心させること、喜ばせることはとても大事です。でも、あなたが思ったことや感じたことを表現したら、本当に反発や抵抗があるのかどうか、試してみる価値はあります。現実には多少の反発や抵抗もあるのでしょうが、反発や抵抗に対応する能力をもって、初めてこの世界で自分を我慢から解放し、自分を表現していけるようになるでしょう。

つれないねえ
ふふっ

今ある
自分からしか
始まらない

「もし、もう少し能力があったら」
「もし、容姿が良かったら」
「もし、もっとお金があれば」
「もし、自信があれば」

無いんだよ！　無い！

時が来たら、用意ができたら、心の準備に時間をかけすぎます。失敗はいやなものです。しかし、失敗することからしか学べないものがたくさんあります。自分から失敗する権利を放棄する必要なんてどこにもありません。

「いつか白馬に乗った王子様が迎えに来てくれるかもしれない」
「来るかもしれないけど、隣の人のところ」
「それじゃ、不公平」

「そうも言える」

「他に言いようがある？」

「無い」

「それじゃ、救いがない」

「そう、救い、それが一番無い」


自分の等身大から逃げるのを止めて、自分の等身大を知って、自分の等身大から始めるのが一番いい。

こんなに波長のあう二人は地球上のどこを探してもいないはずよ

ウキウキキキーッ
キッキーキキ、キャッキャ

私たちは
今を生きられる

「もう少し頑張れば、きっと今より良くなるよ」

「それじゃ、今は良くないということ？」

「いや、進歩したり、成長するということだよ」

「なんの為に？」

「君は進歩したり、成長したくないの？」

「したい」

「だったら、もう少し頑張らなきゃ」

「ふむ、それじゃ、あなたはどんな進歩や成長をした？」

「え？」

「あなたといても、特に楽しくないし、気も休まらない」

「人生はそんなに楽なものじゃないんだよ」

「そう自分に言い続けてきたんだね」

「え？」

三歳の子供は、四歳になるための準備をしているわけじゃないんです。五歳の子供は小学校へ行くために今を生きているわけではありません。小学生は中学生の予備軍ではありません。私たちは今を生きているんです。明日のため、未来のため、子孫繁栄のため、それも確かにあるでしょうが、やっぱり、今を生きたい。たとえ、今が最悪の時だと思えても、自分の方から今を選びたい。本当に、本当に、今を選んでしまえれば、きっと私は今を生きられるようになると思うんですよ。

宇宙中を探しても
僕たちみたいな二人は
いないはずだよ

ポジティブなんて
言葉に
振り回されないように

用も無いのに疾走している犬を見たことがないし、頑張って咲いている花も見たことがない。人間だけがどういう訳か、頑張ったり、元気で明るく素直に生きなきゃならない。「前向きに生きる」なんていわれるけど、そりゃ、前向きに歩いていています。

作り笑いで顔の筋肉はひきつるし、疲れて笑うのを止めると、愛想が悪いといわれる。積極的でないというだけで、成績に響いてしまう。いいかげん疲れてしまい、全部止めると、仲間外れになってしまう。どうも、そういう言葉で管理されていくような気がします。

「君はそれで疲れないの？」
「すごく疲れるよ」
「気を遣いすぎて、疲れるんだから、明日からあんまり気を遣わないようにしようよ」

「そうだね、一緒にやれるなら心強いよ」

次の日会社に行ったら、その同僚が上司に気を遣っている。

ポジティブだとか、努力だとか、前向きだとか、誰かに押しつけられるものではないでしょう。ポジティブとか前向きというあり方の受け身になってしまっているんです。または、ポジティブとか前向きという言葉の被害にすらあっているんです。私たちは、自分のやってみたいことが見つかったら、いつでも、ポジティブになります。だからこそ、自分がやってみたいことをハッキリさせるんです。または、今やっていることを、再選択するんです。

絶対にうまくいく
方法なんてない

生きているということは、基本的に危ないものです。出来る限りの安全を確保する努力はしますが、絶対ではありません。あなたが、とってもまじめで、いい人で、勤勉で、努力家だとしても、地震や台風は気にも留めません。人の中には、地震や台風みたいな人も大勢います。

それでも、絶対うまくいく方法を探す気持ちはわかります。できれば、後で後悔したくないでしょうから。慎重に慎重に、納得のいくまで理解して、最後は心の準備をして……。

夏のプールで、

「早く飛び込めよ」

「ちょっと待って」

「いいから、早く」

「痛くない？　怪我は絶対しない？」

「知らないよ」

「また、今度にしようかな？」

「試してみろよ」

「初めてだし」

「いいから早く」

「ううーん」


秋になった。

朝ごはんを
とってきたわよ
ほっ！

でも考えてしまう

私たちの最重要目的とは、「生き残る」ことにあります。それは、命だけではなく、家族や友達、学校や職場での自分の社会的な立場を「生き残らせる」ことも意味します。考える、そのベースはいかに自分を生き残らせるかにあります。人の内側では、休みなく「生き残り」のシステムが働いているのです。何がよりよい選択であるか？　過去の経験を振り返ったり、未来をシミュレーションしたり、自分が場違いな行動や言動をしないように、常に監視しています。浮いてしまわないようにしているわけです。悪いことに、どんなに慎重に、思慮深く行動しても、私たちは時に間違いをしでかします。そうなると、ますます、警戒を強め、考えるのを止めるわけにはいかなくなります。私たちはそのことに膨大なエネルギーをそそぎ込むことになります。

考えれば考えるほど、不安になります。何故なら、考えること自体が、自分はこれでいいのか？　大丈夫なのか？　という、自分への疑いが向けられることを意味するからです。そして、不安になればなるほど、考えることに拍車がかかります。

考えることはとても大事なことです。でも過剰に考えてしまうのは問題です。自分を少し安心させる必要があります。散歩をしたり、できれば、誰かに自分の思っていることを聞いてもらうのは、安心するために効果的です。相手は誰でもいいんです。できるだけ助言をしない人を選ぶこと。犬とか猫でもいいと思います。声に出して思っていることを話すのが効果的です。

「若いのに元気がないね」

「当たり前だ、若いほど、気を遣っているんだ！」

食後のコーヒーを入れよう
いいわね!
君もカプチーノでいいよね
私はブラックコーヒーがいい
えっ?
カプチーノは嫌いなの?
嫌いとは言わないけど私、「北極・ブラックコーヒー普及の会」の会長だし…

経験という
サングラスをはずしてみる

リスクとは、屋根から飛び降りることでもなければ、バンジージャンプに挑戦することでもありません。リスクとは、今日まであなたが信じ込んでいたことや、自分の考え方、やり方を脇に置いてしまうことです。

私たちは、自分なりの見方や、自分の経験を通して世界を見ています。それでいて、自分の見ているものが真実だと信じ込んでいるのです。もし、経験や考え方というサングラスをはずして世界を見たら、きっと驚いてしまうでしょう。何を見ても、何を聞いても感動の嵐です。朝から晩まで感動していたのでは、身が持ちませんから、私たちはサングラスをかけて、自分をプロテクトしています。

断食の後の食べ物の味と言ったら、言葉にできないほどです。玄米の一粒一粒で、あらゆる味を体験します。梅干しのひとかけらを口にいれただけで、喉のつけねが痛くなります。止められていたのですが、試してみたくなって夜中にそっと冷蔵庫をあけて、アイスクリームを一口なめてみたのですが、あまりの刺激に、「うおー」と声を出してしまいました。

誰にでも先入観や、偏見があります。人生の醍醐味とは、自分が知らない間に持ってしまった先入観や、偏見から自分を解放していくことにあります。自分なりの考え方、解釈、それはとても価値のあるものです。次は、それをはずす能力をもつ番です。

あなたも入会しない？
会員もいい人ばかりよ
けど僕はカプチーノが好きなんだ
「北極・ブラックコーヒー普及の会」をばかにしないでっ！
君こそやめちゃいなよ
そんな変な会
ひどいわ！
ふんっ

失敗ぐらい自由にしたい

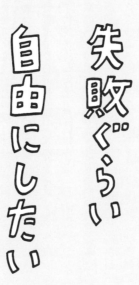

「これをやって、失敗したらどうなるんでしょう？」

「しょうがない奴だと思われるよ」

「やっぱり」

「だから、やってみるといいよ」

「でも、失敗したら相手にされなくなるから」

「ほんの数人だよ」

「今日まで築いたものを失いたくない」

「ピラミッドか？　万里の長城か？　誰も、君の失敗ばかりに目を向けているわけじゃないし、トイレまで君を追いかけていって、『さっきは失敗しましたね』なんて言う人はいないんですよ。世界中があなたに注目しているわけがないじゃないですか。問題は、そう思い込んでいるあなたの自意識」

失敗ぐらい自由にしたい。失敗は許されないなんていう世界はどこか狂っている。

もっと日常的に失敗を経験して、日常的に誰かの失敗を目にしていたら、どれだけ気が楽になるか、考えてみたことがありますか？

歩道橋を、着飾ってすました顔の女の人が降りてきて、階段の最後でヒールが引っかかって、「カクン」となった。彼女はあわててとりなし、周りを見回す。その瞬間、私と目があって、私はとても嬉しかったので「ニッ」っと笑った。そしたら、彼女は「きっ」とにらみ返してきました。なんでそこで、ピースサインがでないのかな？

この際言っておくと
コーヒーメーカーも
邪道だと思うの
ふんっ
がしゃん
きゃっ
ああーっ
あっ…
……
……

第4章
人生を楽しむ方法

やってみて初めてわかること

子供は何でも自分でやってみたい。大人が危ないから止めなさい、なんていうのに限ってやりたがる。それに、なんでも壊す。理にかなわない行動をとる。あるとき、私の甥っ子が、私の母（彼にとっては、祖母）に叱られていたんです。みんなで、食事をしている最中だったんですが、ちっともじっとしていなくて、私も少しイライラしていたら、

「いい加減にしなさい、他の人の迷惑でしょう」

甥はとぼけた顔をしてみせました。

「そんな顔をしてもダメよ、言うことを聞かないなら、今すぐ帰る」

今度は、目玉をぐるぐる回したり、目を寄せたりしてみせました。

「本当に怒ったわよ」

甥にも殺気が伝わったのか、突然立ち上がり、部屋の中を走り出し、急に母の方を向いて、ズボンを膝まで下げて、

「ぶーら、ぶーら」

と小さなそれをむき出しにして、ついでにそれを指で伸ばして、

「こんなに伸びるー」

状況は一変しました。私たちは彼のクリエイティビティーに絶句したのです。

私も、もう少しいろんなこと試してみようかな！

一人が一番

あるのは、
その人にとっての
幸せだけ

家に仕事を持ち帰って、自分の部屋で仕事を始めると、決まって子供が入ってきて、じゃまをします。自分の部屋で遊ぶように諭すのですが、「ちょっとだけ」と言って、話しかけてきたり、自分のおもちゃの説明を始めます。何度か注意すると部屋から出ていくのですが、すぐに戻ってきて、膝の上に座って机の引き出しを開けたり、コンピューターのマウスを動かしたりします。締め切りや、時間に追われているとつい苛立ってしまい、家人を呼んで子供を連れ出してもらいます。これで、集中できると思っていると、今度は家人の手を引いてまた入ってきます。

「また？」

「そうじゃないんだって」

どうも、家人が子供の代弁をかってでたらしく、

「何？」

子供が家人の顔をのぞき込むと、

「一緒にいたいんだって」

「え？」

「一緒にいたいんだって」

「一緒にいたい？」

「そう、一緒にいたい」


自分の子供なんだからいつも一緒にいるような気になっていました。でも、あらためて一緒にいたいなんて言われると、あまり言われたことがないし、なんだか、仕事なんかどうでもよくなっちゃいます。

他人の幸福を喜ぶ練習

あなたが、幸福でいられるかどうかは、他人の幸福をどれだけ喜べるかで計ることができます。どんなに成功しても、どんなに物で満たされても、他人の幸福を喜べないときは、どこか不幸なんです。特に他人の幸福には関心がないというのは、自分に訪れる幸福を感じとれないときです。うらやんだり、嫉妬している方がまだましかも知れません。

幸福を体験するのは、そう難しくありません。できるだけ幸福な人の側に近づいていくだけでいいんです。そして、その人の側にいるだけでいいんです。もし、その人が、側にあなたがいることを嫌がったりするようなら、そのときは、その人の側を離れるときが来ただけです。また、幸福な人を見つけて近づいていきましょう。特にあなたはその人の側に行って、何かする必要はありません。幸福な人はあなたに何かを求めたりはしませんから。まちがっても、自分が本当に幸福に見えるか？　なんて聞きませんし、あなたに恩をきせることもありません。それから、自分が幸福だなんて決して言いませんし、自分がどうやって幸福になったのか講釈もしません。あなたは、そういう人に近づいて行って、その人の側にいるだけでいいんです。

幸福な人を見分ける方法は、誰かに聞いてもいいでしょう。

「最近、近くに幸福な人を見かけませんか？」

または、本人に聞くのもいいでしょう。いずれにしても、あなたが、幸福な人を見つけようとするだけでも、小さな違いが訪れます。もし、あなたが、自分にそれをたずねるなら、もう少しの違いが訪れるでしょう。

おいしい

楽しんで生きるという選択

あるとき、企業の新入社員の為に、いかにリラックスする能力が大切かを講演しに行きました。最初に人事部の部長が出てきて、私の紹介と講演の説明をして、そして最後にひと言、

「今日はリラックスについて、講義があります。みんな、頑張って勉強するように！」

努力しない限り何かを学び、何かができるようにならない。私たちはそのことに慣らされてしまっているので、必要のないときにでも努力します。そういう努力は我慢とエネルギーの浪費を招きます。そのために受ける苦痛は計り知れません。でも、周りの人達は、努力している姿を賞賛します。結果として不幸せでも努力している姿が誉められます。

努力や我慢に反比例して私たちの感受性は低下します。感受性が低下すると、自分の感じで何かを決めたり、選んだりできなくなります。次第に誰かの指示

を待つようになります。自分の感受性で、自由に選択のできない人は、自分の価値を認めません。どこか、受け身で、被害者的です。自由に選択するためには、微細な違いがわからなければなりません。微細な違いをとらえるためには、感受性が高くなければなりません。感受性は、努力や我慢を減らさなければ強くなりません。楽しさのなかで、豊かな感受性は育っていきます。

問題があったって、
ご機嫌に生きられる

問題が問題なのは、問題が何なのか良くわかっていないことです。もし、問題が何であるかわかってしまえば、問題の六〇～七〇%はその場で解決してしまうでしょう。


「この問題が解決したらきっと晴れやかな気分になれると思う。この問題が解決したら、他にいろんな事がやれると思う」

「問題は持ったままで、晴れやかな気分になればいい」

「何を言っているんだ、他人事だと思って簡単に言うな！」

「その問題を持ったままで、いろんな事をやればいい」

「そんな、簡単な問題じゃないんだ、とても深刻なんだ！」

「そうだ、それがお前の問題なんだ」

「ええ？」

「問題を深刻なものだと思いこんでいること」

「ええ？」

「その問題が解決しなければ、他のことは何もできないし、気も重くなって当然だと思いこんでいること。それが問題なんだ」

「夜と霧」の著者である、フランクルはこう言っています。ナチの収容所で強制労働を強いられ、いつガス室に送られるかわからないという状態で、人間らしさをすべて奪われてしまうと、考えるのは、今何時頃か？　食事の時間はまだか？　ばかりになってしまう。やがて気がつくと、収容所に入れられる前の、日常の生活の中で、葛藤したり、苦悩していたことがとても人間らしく思えて、懐かしい、と。

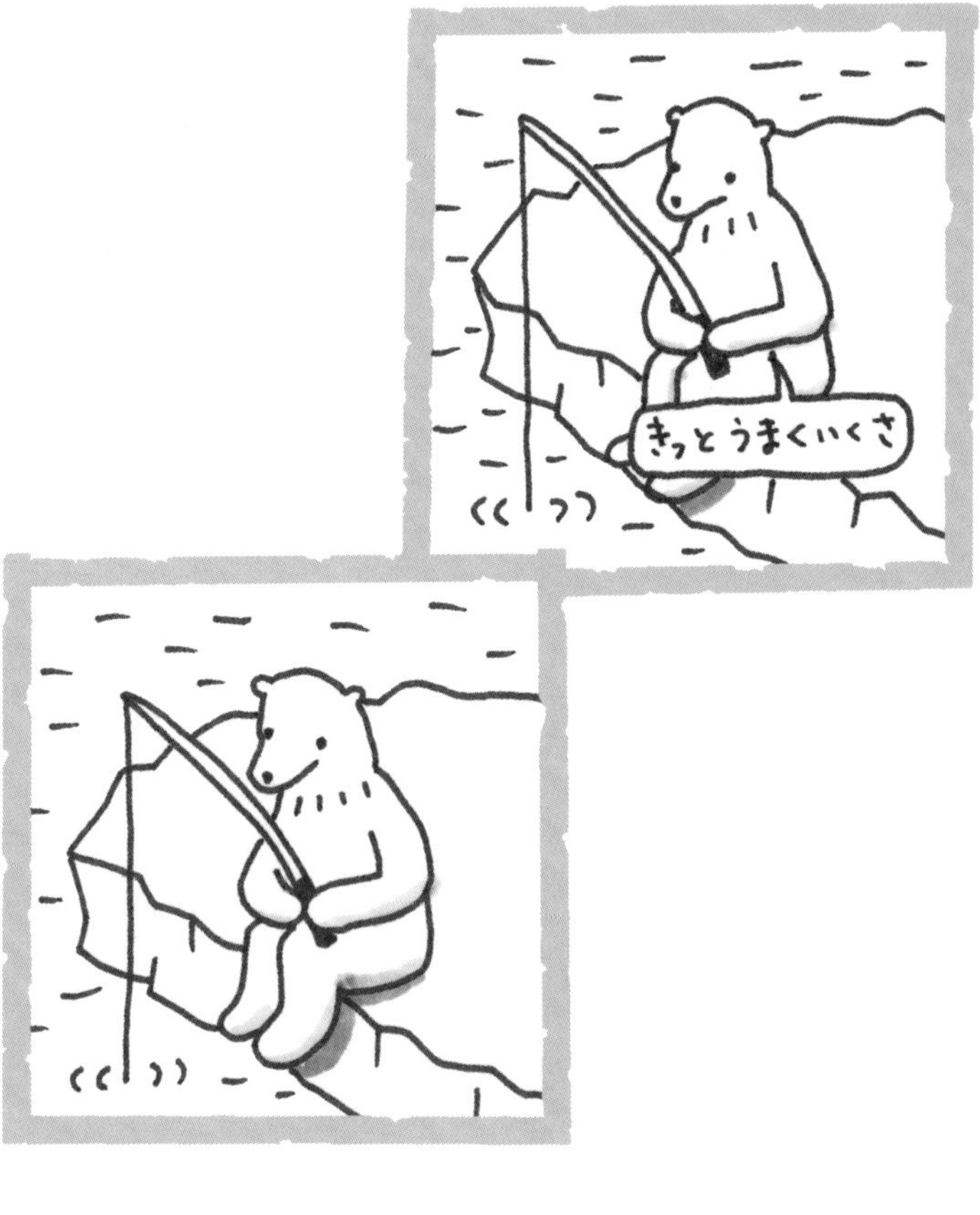
きっと うまくいくさ

このままでいいんだ!

「いずれにしても、人生のどこかで、自分が存在する価値に、気がつく必要がある」

自分はいてもいいんだろうか？
自分は誰かの役に立っているんだろうか？
自分の事を愛してくれている人は本当にいるんだろうか？
今のままじゃだめなんじゃないだろうか？
本当にこのままでいいんだろうか？
自分のことなんて、誰も気にかけてくれていないんじゃないだろうか？
もしかしたら、嫌われているのかも知れない。

ええい、誰にどう思われたっていい！
他人は他人、自分は自分なんだから！
他人の目ばかり気にしていても仕方がない！

こんな思いばかりくり返していて、自分に進歩がないんじゃないだろうか？

自分の存在する価値に気がつくちょっと手前で、葛藤は当然あります。一度自分の価値に確信を持ったと思った、その直後にさえも、自分の価値に対する疑いがあります。それも、全部ひっくるめて、今の自分は「そうだ」「そうしている」とyesをだすんです。確かに「そうだ」「そうしている」「yes, yes, yes」、それが自分と世界を受け入れる始まりになります。

©1997 フジモトマサル

あとがき

「自分、自己」と言うとき、大抵は自分一人のことをイメージしますが、そもそもたった一人で人は存在しているわけではなく「関わり」の中に存在しています。

その昔、「自分探し」が流行ったことがあります。インドに行ったり、チベットに行ったりして、帰ってくると両手を合わせて「ナマステー」なんて挨拶していましたが、どうもどこかで自分探しは諦めたようです。

本当の自分、ありのままの自分、いろんな言い方があります。しかしそれらは「イメージ」であって、そのイメージを自分の体の中に限定してしまうと、イメージはそこで制限されてしまうでしょう。しかし、自分を取り巻くすべての人との間に自分が存在しているという前提に立てば、「自分、自己」というものの捉え方も変わってくるはずです。それに相手によって変化している自分というものも垣間見ることができると思います。

自分自身も含めて、私たちはもっといろいろな世界の見方ができるのだと思います。また、他の人の考え方や経験に目を向け、耳を傾ければ、答えがたった一つではないことにも気がつくでしょう。自分探しには色々な方法があると思います。一つは視点を変えながら自分と向き合う。視点を変えることは、自分に向けている「問い」を変えてみること。


「私はこれでいいのか？」

「人は私をどう思っているんだろう？」

「大丈夫だろうか？」

こういう問いから、

「今日はどんな1日にしようか？」
「今日は誰のために何をしようか？」
「今日始めることは何か、止めることは何か？」

それから、他の人にも聞いてみる。最近の自分が彼らにどう映っているのかそれも視点を変えるのに役立ちます。ちょっとドキドキしますが、それがあまりいいニュースではないとしても、きっと役に立ちますから。

自分を色々な視点からみることで、もっと色々なことができるようになる、その可能性の広がりを感じることができるのではないかと思います。

伊藤　守

伊藤 守（いとう　まもる）

日本人として初めて国際コーチ連盟（ICF）よりマスター認定を受けた日本のコーチング界における草分け。コーチングを日本に紹介し、1997年に日本で最初のコーチ養成プログラムを開始。2001年には、エグゼクティブ・コーチング・ファームとして株式会社コーチ・エィを設立し、以来これまでに約26ヶ国1,700社を超える企業のリーダー開発や組織風土改革に携わる。
人と人との関係やコミュニケーションに対する深い洞察を持ち、35年に渡り、それらのテーマを中心に、自らも企業の経営者を対象としたエグゼクティブ・コーチングに従事してきたほか、地方公共団体、教育機関、経営者協会などにおける講演活動、ならびに、経営陣から一般の若い人に向けたものまで幅広い執筆活動も行い、『コーチング・マネジメント』『3分間コーチ』（ディスカヴァー）『小さなチームは組織を変える』（講談社）『コーチング・リーダーシップ』【共著】（ダイヤモンド社）『今日を楽しむための100の言葉』（ディスカヴァー）等、その数は50冊以上に及ぶ。

本書は、1997年に大和書房より刊行された『きっと、うまくいくよ』および、2017年に方丈社より刊行された『あなたの感じていることは大切にしていいんです』を改題、改稿したものです。

きっと、うまくいくよ　自分の価値に気がつく30のレッスン

発行日　2020年9月25日　第1刷

Author　伊藤守

Illustrator　フジモトマサル
Book Designer　山田知子（chichols）

Publication　株式会社ディスカヴァー・トゥエンティワン
〒102-0093 東京都千代田区平河町2-16-1 平河町森タワー 11F
TEL 03-3237-8321（代表） 03-3237-8345（営業）
FAX 03-3237-8323　http://www.d21.co.jp

Publisher　谷口奈緒美
Editor　大竹朝子＋小石亜季

Publishing Company
蛯原昇　梅本翔太　千葉正幸　原典宏　古矢薫　佐藤昌幸　青木翔平　大竹朝子
小木曽礼丈　小山怜那　川島理　川本寛子　越野志絵良　佐竹祐哉　佐藤淳基
志摩麻衣　竹内大貴　滝口景太郎　直林実咲　野村美空　橋本莉奈　廣内悠理
三角真穂　宮田有利子　渡辺基志　井澤徳子　小田孝文　藤井かおり　藤井多穂子
町田加奈子

Digital Commerce Company
谷口奈緒美　飯田智樹　大山聡子　安永智洋　岡本典子　早水真吾　三輪真也
磯部隆　伊東佑真　王廰　倉田華　榊原僚　佐々木玲奈　佐藤サラ圭　庄司知世
杉田彰子　高橋雛乃　辰巳佳衣　谷中卓　中島俊平　西川なつか　野﨑竜海
野中保奈美　林拓馬　林秀樹　牧野類　三谷祐一　元木優子　安永姫菜　青木涼馬
小石亜季　副島杏南　中澤泰宏　羽地夕夏　八木眸

Business Solution Company
蛯原昇　志摩晃司　藤田浩芳　野村美紀　南健一

Business Platform Group
大星多聞　小関勝則　堀部直人　小田木もも　斎藤悠人 山中麻吏　伊藤香
葛目美枝子　鈴木洋子　福田章平

Corporate Design Group
松原史与志　岡村浩明　井筒浩　井上竜之介　奥田千晶　田中亜紀　福永友紀
山田諭志　池田望　石橋佐知子　石光まゆ子　齋藤朋子　俵敬子　丸山香織　宮崎陽子

Printing　中央精版印刷株式会社

・定価はカバーに表示してあります。本書の無断転載・複写は、著作権法上での例外を除き禁じられています。
インターネット、モバイル等の電子メディアにおける無断転載ならびに第三者によるスキャンやデジタル化もこれに準じます。
・乱丁・落丁本はお取り替えいたしますので、小社「不良品交換係」まで着払いにてお送りください。
・本書へのご意見ご感想は下記からご送信いただけます。

http://www.d21.co.jp/inquiry/　ISBN978-4-7993-2673-2　©Mamoru Itoh, 2020, Printed in Japan.

Discover

人と組織の可能性を拓く
ディスカヴァー・トゥエンティワンからのご案内

本書のご感想をいただいた方に
うれしい特典をお届けします！

特典内容の確認・ご応募はこちらから

https://d21.co.jp/news/event/book-voice/

最後までお読みいただき、ありがとうございます。
本書を通して、何か発見はありましたか？
ぜひ、感想をお聞かせください。

いただいた感想は、著者と編集者が拝読します。

また、ご感想をくださった方には、お得な特典をお届けします。